CORPORATIONS OUVRIÈRES

DE PARIS

DU XIIe AU XVIIIe SIÈCLE

HISTOIRE, STATUTS, ARMOIRIES

D'APRÈS DES DOCUMENTS ORIGINAUX OU INÉDITS

PAR

ALFRED FRANKLIN

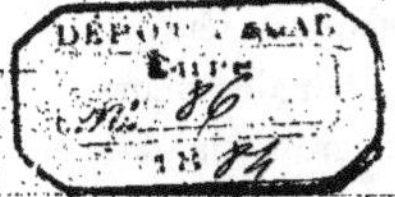

BARBIERS-CHIRURGIENS

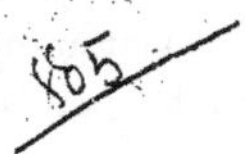

PARIS

LIBRAIRIE DE FIRMIN-DIDOT ET CIE

56, RUE JACOB, 56

1884

BARBIERS ET CHIRURGIENS.

Une histoire des corporations ouvrières serait incomplète si l'on n'y faisait figurer les Chirurgiens. Formant avec les Barbiers une seule et même communauté, ils furent pendant une longue suite de siècles considérés comme des artisans, comme des manœuvres, ce dernier mot est la traduction littérale de leur nom dérivé du grec. Ils ont, au reste, cela de commun avec les Peintres et les Sculpteurs ; jusqu'au dix-septième siècle, sculpteur de génie et peintre en bâtiment appartiennent au même corps, sont soumis aux mêmes statuts. C'est seulement cent ans plus tard que les Chirurgiens parvinrent à se séparer des Barbiers, à se dégager des liens qui les rattachaient aux corporations ouvrières.

Cela s'explique par le mépris que professait le moyen âge pour tout travail manuel. A cette époque, vouée au culte des armes, ne pas savoir signer son nom était chose commune et admise dans la meilleure société ; mais saigner un malade était, même pour un médecin, un acte tout à fait déshonorant. Non seulement je n'exagère rien, mais ce préjugé existait encore dans toute sa force à la fin du seizième siècle. Si un ambitieux Chirurgien, honteux de son humble condition, voulait passer sa licence en médecine, il était tenu de s'engager, par acte dressé devant notaires, à ne plus faire aucune opération ; car, disent les statuts de la Faculté, il convient de garder pure et intacte la dignité de l'ordre des médecins [1]. En fait, le dédain du travail manuel n'avait pas encore disparu deux siècles plus tard ; Savary écrivait en effet ce qui suit, vers 1720, au sujet des Merciers : « Ils ne travaillent point et ne font aucun ouvrage de la main ; aussi ceux qui sont admis dans cette communauté sont-ils reçus noblement, ne leur étant pas permis de faire ni manufacturer aucunes marchandises, mais seulement de les enjoliver, ce

[1] Voici le texte de cet article : « Si quis inter baccalaureos sederit qui chirurgiam aut aliam artem manuariam exercuerit, ad licentias non admittatur, nisi prius fidem suam astringat publicis notariorum instrumentis, se nunquam posthac chirurgiam aut aliam artem manuariam exerciturum ; idque in collegii medici commentarios referatur. Ordinis enim medici dignitatem puram integramque conservari par est. » *Statuta Facultatis medicinæ*, édit. de 1634, art. XXIV. — On voit que, par surcroît de précaution, l'acte était transcrit sur les registres de la Faculté.

qui n'est pas des autres corps, qui sont regardés comme mixtes, c'est-à-dire qu'ils tiennent du marchand et de l'artisan[1]. »

La chirurgie ne fut donc exercée pendant bien longtemps que par des charlatans, des vieilles femmes et les Barbiers. Un certain nombre de recettes empiriques, qui se transmettaient par tradition, composaient toute la science des uns et des autres.

Cependant, quelques Barbiers intelligents tentèrent, vers le treizième siècle, d'arracher la corporation à son ignorance. Ils formèrent une confrérie spéciale sous l'invocation de saint Côme et saint Damien, et s'adonnèrent plus spécialement que le reste de la communauté aux opérations un peu difficiles. Comme la plupart des artisans, ces derniers soumirent en 1268 à l'homologation du prévôt Étienne Boileau leurs statuts, qui figurent dans le *Livre des métiers*[2], et qui nous prouvent que leur corporation était organisée sur le modèle de toutes les corporations ouvrières[3].

Six Jurés, élus dans la forme ordinaire, surveillaient et administraient la communauté. Leur principale mission était d'examiner les gens « qui s'entremetent de cyrurgie, » et de n'admettre dans la communauté que ceux qui en étaient reconnus dignes. Les statuts insistent sur l'interdiction de donner des soins en secret aux criminels, aux « murtriers ou larrons qui sunt bleciez ou blecent autrui, et vienent celéement aus Cyrurgiens, et se font guerir celéement. » Après un premier appareil posé ou un premier pansement fait, le Chirurgien était tenu d'avertir le prévôt de Paris. Les six Jurés alors en exercice étaient : mestres Henri dou Perche ; Vincent, son fiux[4] ; Robert le Convers ; Nicolas, son frere ; Pierre des Hales ; et Pierre Joce.

Il est probable que, fiers de leur science et de la clientèle qu'elle leur procura, ces Chirurgiens aspirèrent bientôt à se rapprocher des *Mires* ou Médecins, à élever leur communauté au rang de corps savant. Ils abandonnèrent donc aux Barbiers

[1] *Diction. du commerce*, éd. de 1723, t. II, p. 711.

[2] Titre XCVI.

[3] On lit dans un ouvrage que vient de publier M. A. Corlieu (*L'ancienne Faculté de médecine de Paris*, p. 165) : « Saint Louis réunit les Chirurgiens dans une corporation qu'il réglementa : mais, malgré tous leurs efforts, les Chirurgiens de Paris n'ont jamais pu trouver cette pièce authentique qui remontait, disaient-ils, à 1226 et à 1260. » On voit que si les Chirurgiens n'ont pas trouvé cette pièce, c'est qu'ils n'ont pas eu l'idée de la chercher dans le *Livre des métiers*, entre les statuts des Chapeliers et ceux des Fourbisseurs. Il est assez difficile de comprendre ce que signifient ces mots : « à 1226 et à 1260 ; » mais cette seconde date pourrait être exacte, car les pièces qui composent le *Livre des métiers* ont été rassemblées vers 1268, et il contient un grand nombre de statuts antérieurs à cette époque. Saint Louis n'établit, d'ailleurs, aucune corporation. Son prévôt Ét. Boileau se borna à réunir en volume les statuts que les différentes corporations lui présentèrent et tels qu'elles les lui présentèrent. Quant à ces premiers statuts des Chirurgiens, ils étaient bien connus dès le siècle dernier. Quesnay, qui les cite (*Orig. de la Chirurgie*, p. 47), les regarde comme apocryphes. M. Malgaigne lui-même, qui ne connaissait pas le *Livre des métiers*, ne paraît pas absolument convaincu de leur authenticité (Voy. *Introd. aux œuvres d'A. Paré*, p. 122.)

[4] Son fils.

non acceptés par les six Jurés le soin de raser, puis la petite chirurgie, saignée, pansement des plaies, etc., et se réservèrent les opérations qui exigeaient, outre l'habileté de la main, quelques connaissances anatomiques. De là, l'existence de deux classes de Barbiers qui tendirent de plus en plus à se séparer : celle des *Barbiers-Chirurgiens* ou *Chirurgiens de robe courte*, et celle des *Chirurgiens-Barbiers* ou *Chirurgiens de robe longue* ou *Chirurgiens de Saint-Côme*, qui avaient été examinés par les six Jurés et acceptés par eux.

La *Taille de 1292* cite 151 Barbiers, et nous y voyons que cette profession était souvent exercée par des femmes, tradition qui se conserva au siècle suivant. Nous y trouvons aussi les noms de deux importants personnages de la corporation : Richart, barbier du roi, qui demeurait rue Bertin-Poirée, et Guillaume, barbier du comte de Clermont[1], qui demeurait à la porte Baudoyer[2].

A la suite des statuts des Chirurgiens dans le *Livre des métiers*, une note ajoutée en 1301 nous apprend qu'au mois d'août de cette année, le prévôt de Paris menaça de peines sévères vingt-six Barbiers qui se livraient à l'exercice de la chirurgie, leur défendit de prendre le titre de Chirurgiens-Barbiers et de faire des opérations avant d'avoir été examinés par les Jurés de Saint-Côme[3].

C'est le début de la lutte entre les deux classes de Barbiers. Elle dura plus de quatre siècles, et nous allons tâcher d'en esquisser les principales phases clairement, ce qui n'est pas chose aisée. D'abord, cette histoire présente encore bien des points obscurs; ensuite, les Chirurgiens qui l'ont écrite ont tous contribué à l'embrouiller, parce que leur amour-propre se refusait à admettre l'humble origine de leur corporation. Car, il ne faut pas l'oublier, la querelle commencée en 1301 entre les Barbiers et les Chirurgiens durait encore au siècle dernier; les Chirurgiens, qui avaient presque toujours eu le dessous, ne triomphèrent définitivement qu'en 1743.

Les premiers engagements leur furent favorables. L'ordonnance de novembre 1311[4], interdit de nouveau aux Barbiers d'exercer la chirurgie sans l'autorisation des Jurés de Saint-Côme, convoqués à cet effet par Jean Pitard, alors Chirurgien du roi, « nisi per magistros chirurgicos juratos morantes Parisius, vocatos per dilectum magistrum Joannem Pitardi, Chirurgicum nostrum, ac ejus successores in officio, prius examinati fuerint diligenter et approbati in ista arte. » En octobre 1364, la moitié des amendes infligées aux contrevenants est attribuée à la confrérie de Saint-Côme[5]. Mais la même année, les Barbiers demandèrent et obtinrent d'être dispensés de faire le service du guet; ils représentaient au roi

[1] Peut-être le connétable Raoul de Clermont de Nesle, mort en 1302.

[2] Pages 25 et 125.

[3] Voy. Depping, *Ordonnances relatives aux métiers*, p. 419. — Lespinasse et Bonnardot, *Livre des métiers*, p. 209.

[4] *Ordonn. royales*, t. I, p. 491 et t. XI, p. 425.

[5] *Ordonn. royales*, t. IV, p. 499.

que 14 d'entre eux sur 40 étaient exempts de droit, soit à cause de leur âge[1], soit parce qu'ils résidaient sur des terres franches ou seigneuriales. Ils ajoutaient que la santé publique était intéressée au succès de leur requête : « presque touz, disaient-ils, s'entremectent du fait de sururgie, sont envoïez querre par nuit à grant besoing, en deffault des mires et surgiens[2]. » Lesdits « Surgiens » ne jouissaient pas encore de cette faveur; ils ne furent dispensés du guet qu'en 1370[3].

L'ordonnance de novembre 1311 nous a montré les Barbiers soumis à l'autorité de Jean Pitard, celle de décembre 1371[4] confirma et régularisa cette dépendance, qui se perpétua jusqu'à la Révolution. Elle donnait en même temps aux Barbiers de nouveaux statuts. « Notre premier Barbier et Varlet de chambre, dit l'article 1, est et doit estre Garde dudit mestier; il puet instituer Lieutenant auquel on doit obéir comme à lui. » Dès lors, le Barbier du roi prend le titre de *Maître des Barbiers*[5]; il administre par son délégué la corporation, rend la justice professionnelle et perçoit une part des amendes. L'article 2 défend une fois encore d'exercer le métier sans examen préalable, avant d'avoir été « essaié par ledit mestre et les quatre Jurez. » On exige certaines conditions de moralité[6] : la boutique des Barbiers convaincus de « bourdellerie et maquerellerie » sera fermée; les outils, « chaières[7], bacins, rasoirs » seront confisqués, moitié au profit du roi, et moitié au profit du maître du métier. Interdiction de recevoir chez eux des lépreux, « mesel ou meselle[8]. » Aux jours de fête, ils ne peuvent pratiquer, si ce n'est pour saigner et purger, « fors de sainguier et pugnier[9]. » Parmi ces jours de fête figure l'anniversaire de Saint-Côme et Saint-Damien, déjà patrons sans doute des deux classes de Barbiers.

L'ordonnance du 3 octobre 1372[10] maintient, malgré l'opposition des Chirurgiens-Barbiers, les Barbiers-Chirurgiens dans le droit de « bailler et administrer à tous emplastres, ongnemens et autres médecines convenables et nécessaires pour guérir et curer toutes manières de cloux, boces, apostumes et toutes plaies ouvertes. » Cette fois, les Barbiers l'emportaient complètement sur leurs rivaux. L'ordonnance déclare, en effet, que les Barbiers ont toujours eu la faculté de faire des opérations; « néanmoins, ajoute-t-elle, les Cirurgiens et Mires jurez, soubz umbre de certains privilèges que ils dient avoir de noz prédécesseurs, se sont efforcez de troubler et empeschier lesdiz Barbiers en l'exercice des choses dessus dites ; qui est au grant préjudice et lésion desdiz Barbiers, et aussi contre raison

[1] Il fallait avoir plus de soixante ans.

[2] *Ordonn. royales*, t. IV, p. 609.

[3] Quesnay, *Origine de la chirurgie*, p. 452.

[4] *Ordonn. royales*, t. V, p. 440.

[5] Il y avait également un maître des Charpentiers, un maître des Boulangers, un maître des Maçons, etc. Voy. l'*Introduction*.

[6] Article 3.

[7] Chaires, sièges.

[8] Article 4.

[9] Quelle est la vraie signification de ce mot, peigner, purger ou scarifier? Ce dernier terme viendrait du latin *pungere*.

[10] *Ordonn. royales*, t. V, p. 530.

BARBIERS-CHIRURGIENS.

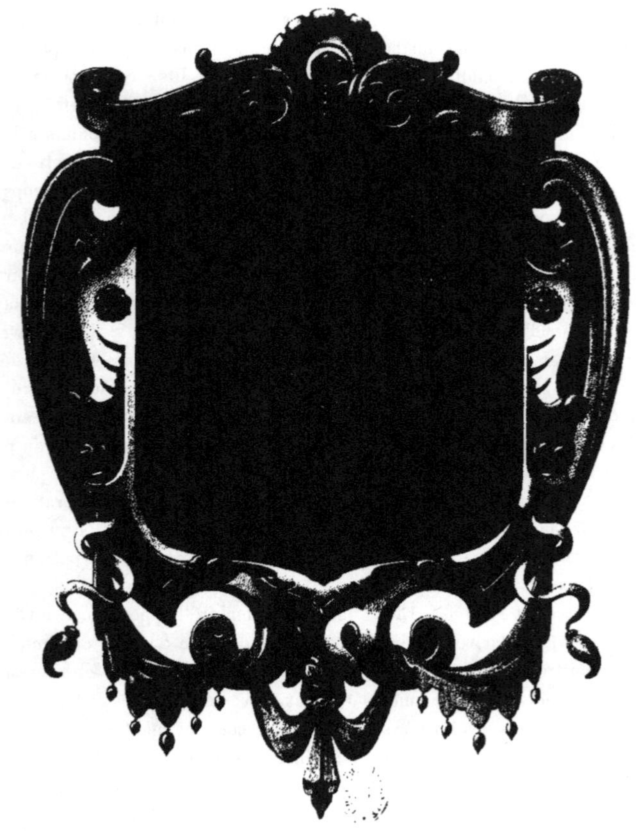

D'azur, à trois boîtes couvertes d'argent.

Armorial général, t. XXIV, p. 1186.

A. Franklin, *les Corporations ouvrières.* Imp. Firmin-Didot et Cie, Paris.

et le bien public de tous nos subgiez, attendu que plusieurs povres gens qui ont diverses maladies accidentelles ne pourroient, ainsi comme ilz font des Barbiers, recouvrer desdiz Mires jurez qui sont gens de grant estat et de grand sallaire. » Le roi a donc convoqué son conseil, son parlement, le prévôt des marchands et plusieurs autres personnes « jusques à très grant nombre, pour enquérir et savoir plus meurement et à plain qui estoit le plus prouffitable à ordener, » et il a prononcé de sa « science certaine et grâce espéciale. » Il entend que les Barbiers ne « puissent estre doresnavant molestez, troublez ou empeschiez par les Cirurgiens et Mires jurez en aucune manière. »

Voilà donc les Barbiers, non seulement chirurgiens, mais un peu médecins. Battus de ce côté, les Chirurgiens de Saint-Côme s'adressèrent à l'Université (janvier 1390), lui demandant de les recevoir dans son sein. Ils faisaient valoir qu'ils avaient tous passé des examens sérieux, tandis que la foule des Barbiers charlatans déshonoraient la science au grand détriment du public. Ici encore les Chirurgiens échouèrent. L'Université les renvoya en se moquant d'eux ; elle leur déclara qu'elle consentait à les accepter comme élèves et rien de plus, « tanquam veri scholares et non alias. »

Ils ne se laissèrent pas abattre par cette double déconvenue. Les maîtres, alors au nombre de dix, renouvelèrent leurs statuts (1396), qu'ils rendirent plus sévères. Ils exigèrent, par exemple, de leurs apprentis qu'ils fussent « clercs grammairiens, pour faire et parler bon latin ». C'était encore une avance à l'Université.

Mais les Barbiers ne restaient pas inactifs. Les Chirurgiens ayant obtenu en 1423 du prévôt de Paris une sentence qui défendait aux Barbiers « d'exercer ou eux entremettre au fait de chirurgie, » cette sentence fut annulée l'année suivante, et les Chirurgiens en ayant appelé au parlement, celui-ci les condamna à l'amende et aux dépens. Une nouvelle démarche tentée par eux auprès de l'Université en 1436 n'eut guère plus de succès que la précédente. Cette fois, et pour longtemps, ils durent courber la tête, car leurs rivaux allaient rencontrer un auxiliaire avec qui toute lutte était impossible.

Au mois de janvier 1465, Olivier Ledain, le célèbre Barbier de Louis XI, obtint du roi la confirmation des privilèges accordés à ses confrères[1]. Le Barbier royal restait « maistre et garde du mestier. » Tout Barbier avant de s'établir devait lui payer cinq sous parisis. Chacun d'eux ne pouvait avoir à la fois plus d'un apprenti. L'examen exigé de tout candidat à la maîtrise consistait à « convenablement rere[2] et saigner. » On prenait un pauvre diable, barbu et hérissé comme un sanglier, on l'amenait devant les jurés rangés sur leurs bancs, et il fallait que le récipiendaire le rasât lestement. On choisissait ensuite quelque gros paysan,

[1] *Ordonn. royales*, t. XVI, p. 469. [2] Raser.

dont l'embonpoint dissimulait toutes les veines, et le candidat était tenu de le saigner sans hésitation. On sait que la saignée fut longtemps regardée comme une nécessité hygiénique à laquelle personne ne devait se soustraire. Le *Livre des métiers* la cite parmi les causes d'exemption du service du guet : est exempté, dit-il, « tout homme qui soit sainiez[1], se il n'a esté semons[2] ançois[3] que il se feist sainnier[4]. » Dans les couvents, la saignée était pratiquée périodiquement sur tout le personnel de la maison; les prémontrés et les chartreux se faisaient saigner cinq fois par an, les autres religieux trois ou quatre fois, et l'on nommait ces époques de saignée générale *jours malades* ou *jours de la minution du sang*. On croyait rendre ainsi plus facile au clergé régulier l'observation du vœu de chasteté. Pour revenir à l'examen subi par les candidats barbiers, ajoutons qu'ils étaient tenus encore de composer quelques onguents, de forger quelques instruments très simples, « faire lancetes, fers ou poinctes nécessaires, » et de répondre à quelques questions sur l'anatomie des veines, « congnoistre les veynes lesquelles il fault saigner pour la santé du corps humain. »

Le succès n'enorgueillit pas les Barbiers, qui se montrèrent fort habiles. Eux aussi s'adressèrent à l'Université; ils protestèrent de leur soumission et très humblement sollicitèrent l'honneur de suivre les cours de la Faculté de médecine, ceux d'anatomie surtout. Ce grand honneur leur fut accordé dès 1494, en haine des Chirurgiens, et au mois de janvier 1505 un contrat d'union fut passé entre Jean Loysel (*Joannes Avis*), doyen de la Faculté, et de Mondoucet, lieutenant du premier Barbier du roi. L'accord, devenu de plus en plus complet, fut ratifié en 1577. Les Barbiers s'engagèrent à suivre pendant quatre ans les cours de la Faculté, et à n'en pas suivre d'autres. Deux docteurs devaient, en outre, assister aux examens que subissaient les apprentis Barbiers avant d'être admis à la maîtrise.

A partir de ce moment, ce sont les Barbiers que les docteurs de la Faculté appellent auprès de leurs malades, même pour des opérations difficiles; ce sont eux qui tiennent le scalpel et font la démonstration sur le cadavre pendant que le professeur d'anatomie parle du haut de sa chaire. Le célèbre Ambroise Paré fit toutes ses études comme Barbier, il fut reçu maître vers 1536, et il était déjà Chirurgien ordinaire du roi quand il consentit à être agrégé à Saint-Côme. On viola en sa faveur le règlement, qui défendait d'admettre aucun candidat ignorant le latin; l'examen devait même être subi en cette langue, mais tout fut convenu et arrêté d'avance entre les maîtres et le savant récipiendaire[5].

Bien que l'épreuve imposée aux Barbiers ne portât guère que sur la phlébo-

[1] Saigné.
[2] Convoqué.
[3] Avant.
[4] Statuts des Fripiers, des Cervoisiers, etc.
[5] Malgaigne. *Introduction aux œuvres d'A. Paré*, p. 247 et 258.

tomie et le traitement des « clouds, bosses, antrax et charbons[1], » ils étaient loin de s'en tenir à l'exercice de la petite chirurgie. On peut s'en assurer en lisant la très curieuse réclame d'un Barbier du seizième siècle qui a été publiée dans le *Bulletin de la Société de l'histoire de Paris*[2] par M. Léopold Delisle :

Plaise vous sçavoir quil y a aux faulxbourcz sainct Germain des prez ung maistre barbier et sirurgien qui est bien expert et bien experimenté et qui a faict plusieurs belles cures et beaux experimens en la ville de Paris et ailleurs, qui avec l'aide de Dieu garist de toutes malladies procedentes de la grosse verolle curable, sans grever nature ne faire violence aux patiens. Et aussy garist le dit maistre de plusieurs aultres malladies segrettes et aultres qui ne sont pas icy declarez. Et le dit maistre garist par bruvaiges, sans frotter d'oignemens et sans suer. Et sy le dit maistre garist bien aussy par suer et par frotter d'oignemens qui vouldra. Et aussy qui vouldra estre traicté pour faire la diete, le dit maistre la fera faire honnestement. Et premierement garist le dit maistre de gouttes nouées ou à nouer, de nerfs retraictz et de vieilles ulceres, dartres à la main ou en aultre lieu, chancre en la gorge ou en la bouche ou au palais, avecques les cartillages alterez. Ou s'il y a quelque personnaige qui ait trou au palais, et que à raison dudit trou le personnaige parle du nez, vienne par devers le dit maistre, et avec l'aide de Dieu, il pourra bien parler. Ledit maistre demeure aux faulxbourcz Sainct Germain des Prez, vis à vis d'ung patissier...

Ledit maître qui guérit tant de choses ne parle point des maux de dents. Leur extraction était pourtant du domaine des Barbiers, mais ils en étaient venus à dédaigner cette opération, pour laquelle ils avaient des concurrents indignes d'eux. La *Taille de 1313* indique dans la Cité « Martin le Lombart, qui trait les denz[3]. » C'est la seule mention de ce genre qui y figure. Il ne semble pas moins y avoir eu de tout temps des arracheurs de dents, qui, comme ceux qui exercent encore aujourd'hui dans les foires, se rapprochaient plus de la classe des saltimbanques que de celle des Chirurgiens. Se souvenant que ceux-ci leur avaient jadis abandonné les petites opérations, les Barbiers à leur tour abandonnèrent l'extraction des dents aux *Triacleurs*, *Drameurs*, *Barbaudiers*, qui recevaient d'eux licence d'exercer. Charles Sorel, dans son *Histoire comique de Francion*[4], nous apprend que, de son temps, ils dressaient ordinairement leurs tréteaux sur le Pont-Neuf; il nous fournit même un échantillon de leur boniment qui, en général, se terminait ainsi : « Je guéris les soldats par courtoisie, les pauvres pour l'honneur de Dieu, et les riches marchands pour de l'argent. » Ce désintéressement n'empêcha pas le règlement de police du 30 mars 1635[5] de confondre dans le même article les « vendeurs de thériaque, arracheurs de dents, joüeurs de tourniquets, marionnettes et chanteurs de chansons. » Au dix-septième siècle les pa-

[1] Voy. dans Ét. Pasquier, *Recherches sur la France*, t. I, p. 971, un certificat d'admission de quinze Barbiers, délivré le 26 août 1545.

[2] 8e année, 1881, p. 130.

[3] Page 155.

[4] Chap. X, p. 427.

[5] Dans Delamarre, *Traité de la police*, t. I, p. 122.

nacées abondent. M. de Blegny fils, « apoticaire ordinaire du Roy, vend une essence végétale qui guérit à jamais la douleur et la carie des dents. » M. Rebel, demeurant rue Tireboudin[1], « dit avoir apporté d'Égypte une eau qui apaise sur-le-champ la douleur des dents, qui se prend par le nez, qui fait larmoyer abondamment et dont la phiole de quatre prises se vend un louis d'or[2]. » Il faut arriver au siècle suivant pour voir le soin des dents confié à des hommes habiles et connaissant leur métier. En 1701 les statuts des Chirurgiens défendent aux dentistes d'exercer avant d'avoir subi deux examens, l'un théorique, l'autre pratique. Dès lors, ils « s'attachent plus à conserver les dents qu'à les extirper. Le plus étonnant dans son art, écrivait Mercier[3] en 1782, se nomme Catalan, rue Dauphine. Il vous fera un ratelier complet avec lequel vous broyerez tous les alimens sans gêne et sans effort. »

Au seizième siècle, les arracheurs de dents formaient donc une troisième classe de Barbiers, et il y en avait encore depuis longtemps une quatrième, celle des *Inciseurs*. Ceux-là faisaient les grandes opérations, la taille, la cataracte, la kélotomie, que les Chirurgiens n'osaient entreprendre. Ces derniers eurent l'idée de soumettre les Inciseurs à un impôt, treize blancs par opération, qui devaient être payés à la confrérie de Saint-Côme[4].

Mais, les Barbiers faisant les petites opérations et les Inciseurs les grandes, les Chirurgiens devenaient inutiles. Les Barbiers ne furent pas les seuls à le remarquer, et au mois d'août 1613, des lettres patentes qui furent renouvelées et confirmées en 1655 et 1656 effacèrent toute distinction entre les Barbiers et les Chirurgiens. En 1668, Félix de Tassy, déjà premier Chirurgien du roi, traita de la charge de premier Barbier avec Jean de Réty qui en était alors titulaire[5], et des statuts, enregistrés en février 1701 réglèrent la discipline de la corporation des maîtres Chirurgiens de Paris. Le premier Chirurgien du roi est déclaré « chef et garde des chartes et privilèges de la chirurgie et barberie du royaume. » La communauté est administrée par le premier Chirurgien, son lieutenant, quatre jurés, un receveur et un greffier. Chaque maître ne peut avoir à la fois qu'un seul apprenti, et la durée de l'apprentissage est fixée à deux ans, suivis de sept ans de compagnonnage. Les fils de maîtres sont dispensés du compagnonnage et du Chef-d'œuvre, et tenus seulement de l'Expérience. Le Chef-d'œuvre consistait en quatre examens assez sérieux ; l'Expérience était une épreuve beaucoup plus facile, et qui durait deux jours seulement, tandis que le Chef-d'œuvre se prolongeait pendant près d'un mois.

[1] Elle avait porté un nom encore moins élégant avant de devenir rue Marie-Stuart. Voy. A. F., *Étude sur le plan de Paris de* 1540, p. 272.

[2] *Le livre commode pour* 1692, t. I, p. 172 et t. II, p. 178.

[3] *Tableau de Paris*, t. V, p. 75.

[4] Quesnay, *Origine de la chirurgie*, p. 399.

[5] L'arrêt du 6 août 1668 porte « désunion de tous les droits attachés à la charge de premier Barbier et union d'iceux à celle du premier Chirurgien. »

Ces statuts, qui rabaissaient la profession des Chirurgiens sans élever celle des Barbiers, furent annulés le 23 avril 1743. Le nombre des maîtres était alors de 500 environ[1]. Une Déclaration royale rendue sur les instances de Daguesseau, rétablit les Barbiers-Chirurgiens et les Chirurgiens-Barbiers dans l'état où ils étaient avant 1701. Cette Déclaration, où les premiers sont fort malmenés, est vraiment curieuse. En séparant les deux classes de Barbiers, nous ne faisons, dit le roi, « que rappeler la chirurgie de Paris à son ancien état, dans lequel tous les Chirurgiens de Saint-Côme, qu'on nommoit aussi Chirurgiens de robe-longue, étoient gens de lettres et devoient savoir la langue latine... » Les Chirurgiens de robe-longue ayant reçu « parmi eux un corps de sujets illétrés, qui n'avoient pour tout partage que l'exercice de la barberie et l'usage de quelques pansemens aisés à mettre en pratique, l'école de chirurgie s'avilit bientôt par le mélange d'une profession inférieure, en sorte que l'étude des lettres y devint moins commune qu'elle ne l'étoit auparavant... Nous avons reçu favorablement les représentations qui nous ont été faites par les Chirurgiens de notre bonne ville de Paris, sur la nécessité d'exiger la qualité de maître es arts[2] de ceux qui aspirent à exercer la Chirurgie... »

Ici s'arrête l'histoire de l'ancienne corporation des Barbiers. Les Chirurgiens-Barbiers sont reconnus comme corps savant, et la création de l'Académie de chirurgie va les placer sur la même ligne que les médecins. Quant aux Barbiers-Chirurgiens, de ce moment ils s'avouent vaincus, et n'entreprennent plus de s'élever au-dessus de la position qui leur est faite. Abandonnant peu à peu la pratique de la chirurgie, ils finirent par se fondre dans une nouvelle corporation de Barbiers, celle des *Barbiers-barbants,* dont je raconterai l'histoire à l'article BARBIERS, BAIGNEURS, PERRUQUIERS, COIFFEURS.

Les Barbiers avaient pour patrons saint Côme et saint Damien. M. Forgeais a reproduit[3] six mereaux des quinzième et seizième siècles provenant de cette corporation. Cinq d'entre eux représentent d'un côté un peigne double et de l'autre une croix. Le dernier a sur la face saint Côme et saint Damien la tête nimbée, tenant à la main un bocal fermé ; au-dessous, on voit une branche chargée de trois roses; le revers porte un peigne double, flanqué à droite d'un rasoir et d'une lancette, à gauche d'une paire de ciseaux.

L'article 8 des statuts de 1701 qui réunirent les deux classes de Barbiers leur donne pour armoiries : *D'azur, à trois boîtes couvertes d'argent, posées 2 et 1, avec une fleur de lis en abîme et la devise* CONSILIO MANUQUE. *L'Armorial général*[4] ne

[1] Savary, *Dictionnaire du commerce*, t. II, p. 424.

[2] Le premier degré accordé par l'Université. C'était donc à peu près notre baccalauréat.

[3] *Numismatique des corporations parisiennes*, p. 36.

[4] Tome XXIV, p. 1186.

reproduit ni la devise ni la fleur de lys. Cette dernière était un don de Louis XIII qui, né le jour de Saint-Côme et Saint-Damien (27 septembre 1601), avait pour la communauté une prédilection particulière, et s'était fait recevoir membre de la confrérie[1].

[1] Quesnay, *Origine de la chirurgie*, p. 75.

STATUTS DU XIIIe SIÈCLE.

I. Pour ce que il puet avenir que quant murtrier ou larron sunt bleciez ou blecent autrui, viennent celéement aus Cyrurgiens de Paris et se font guerir celéement, ainsine que les murtres et les sans[1] et les amendes le Roy sont perdues et celées, li prevoz de Paris, pour le pourfit lou Roy et de la ville de Paris, par le conseil de bonnes gens, a pourveu et ordenné :

II. Que nul Cyrurgien souffisans d'ouvrer de cyrurgie ne puist afetier[2] ne fere afetier par lui ne par autrui nul blecié, quel que il soit, à sanc ou sans sanc, de quoi plainte doive venir à joustice, plus haut d'une fois ou de deus, se peril i a, que il ne le face savoir au prevost de Paris ou à son commandement.

III. Et ce ont juré et doivent jurer tuit cil qui sunt digne d'ouvrer et seront.

IV. Et comme en Paris soient aucun et aucunes qui s'entremetent de cyrurgie qui n'en sunt pas digne, et perilz de mort d'omes et mehains[3] de menbres en aviennent et porroient avenir, li prevoz de Paris, par le conseil de bonnes gens et de preud'omes du mestier, a esleu VI des meilleurs et des plus loiaus cyrurgiens de Paris, liquel ont juré sur Sains devant le prevost que eus bien et loiaument encercheront et examineront ceus qu'il creront et cuideront qu'il ne soient digne d'ouvrer, et n'en deporteront ne greveront ne por amour ne por haine. Et ceus qui n'en seront digne, il nous en baudront les nons en escrit, et nos leur deffenderons le mestier, segont[1] ce que nos verrons que resons soit. Et si nous baudront en escrit les nons de ceus qui seront digne d'ouvrer de cyrurgie, pour fere le serement devant dit.

V. Se aucuns des VI jurez devanz diz moroit, li V esliroient le plus preud'ome et le meilleur de cyrurgie qu'il trouveroient et le nous baudroient en escrit, ou lieu de celui qui mors seroit, et feroit le serement desus dit.

VI. Li VI juré desus dit, pour services des serjans et por autres constanges[2] qu'il auront ou mestier desus dit, auront le quart denier des amendes qu'il feront lever du mestier, si comme de ceus qui iroient contre leur serement et comme de ceus à qui nous deffendrons le mestier qui n'en sont digne, se il s'en entremetoient sur nostre deffense. Les noms des VI cyrurgiens jurez examineeur sont teil : mestre Henri dou Perche, mestre Vincent son fiux, mestre Robert le Convers, mestre Nicholas son frere, mestre Pierre des Hales et mestre Pierre Joce.

STATUTS DE 1371.

Charles, etc. Savoir faisons à tous presens et à venir, que oye la supplication des Barbiers de nostre bonne ville de Paris, contenant que comme de si longtemps qu'il n'est memoire du contraire, il aient esté en bonne possession et saisine et soient encores d'estre gardez et gouvernez et l'estat du mestier, pour cause du bien d'icellui, par le maistre barbier, varlet de chambre de noz predecesseurs roys et de nous, afin que sur ycellui mestier aucune fraude ou mauvaistié ne fussent comises, pour cause de certains malefices qui sur ce se povoient ou porroient faire, en prejudice et blasme dudit mestier ; et pour ce ait toujours esté garde dudit mestier, pour le bien et proffit commun, nostre dit barbier et varlet de chambre, et ait eu la congnoissance de toutes les causes appartenantes audit mestier, et encores a par certains privileges ja pieça à eulx octroiés, qui ont esté perdus ; sur lesquelz ou aucuns articles d'iceulx les diz barbiers ont eu par les reformateurs ordenez à Paris l'an mil CCC LXII sentence[3] contre aucuns qui les y vouloient empeschier, laquelle nous avons veue, nous leur veuillions renouveler et octroier de nouvel par noz lettres leurs diz privileges, lesquelx s'ensuivent.

1. Que nostre dit premier barbier et varlet de chambre est et doit estre garde dudit mestier comme autreffoiz, et qu'il puet instituer lieutenant, auquel l'en doit obeir comme à lui, en tout ce qui audit mestier appartient ou appartiendra.

2. Que aucun barbier de quelconque condicion ne doit faire office de barbier en ladicte ville et banlieue de Paris, se il n'est essaiez par ledit mestre et les

[1] Peines pour sang versé. [2] Panser. [3] Maladie, infirmité.

[1] Selon. [2] Frais, dépenses. [3] Il s'agit ici, non de statuts, mais d'une sentence judiciaire.

IIII jurez, en la maniere et selon ce qu'il a esté acoustumé ou temps passé et est encores de present.

3. Que aucun barbier de quelconques condicion et auctorité qu'il soit, ne face office du dit mestier, ou cas qu'il sera reputé et notoirement diffamé de tenir et avoir esté diffamé de bourdellerie et maquerelerie, auquel cas il en soit toujours privé, sanz le ravoir; et oultre que tous ses ostilz soient acquis et confisqués, comme chaieres [1], bacins, rasoirs et autres choses appartenant audit mestier, dont nous devons avoir la moitié, et l'autre au maistre dudit mestier.

4. Qu'il ne doivent estre si hardiz de faire office de barbier, sur ladicte paine, à mesel ou à mesele [2] en quelconque maniere que ce soit.

5. Qu'il ne doivent faire aux jours defenduz aucune chose de leur dit mestier, fors de saingner et de pugnier [3], en paine de V solz; c'est assavoir II sols à Nous, II sols audit mestre, et XII deniers à la Garde du mestier, c'est assavoir au lieutenant.

6. Que aucun Barbier ne doit faire office ou heuvre de Barberie aux V festes Nostre-Dame, S. Cosme S. Damien, la Thiphanie [4], aux IIII festes solempnelz, et ne doit pendre bacins [5] aux feries de Noel, de Pasques et de la Penthecoste, sur ladicte paine d'amende de V sols, à estre distribuez comme dit est.

7. Se aucun Barbier vouloit faire le contraire. et ne vouloit obeir audit mestre, son lieutenant et Jurez, que le prevost de Paris, lui enfourmé de ce, leur doit baillier de ses sergens en aide de droit, pour soustenir leur exploit.

8. Que se aucuns des diz Barbiers vouloit sur ce proceder, que nostre procureur sur ce informé, pour le bien publique et pour le nostre, soit adjoint avecques eulz, pour soustenir le droit et privilege des diz supplians, et que de ce qui touche l'office dudit mestier, la congnoissance en soit rendue audit Maistre ou son lieutenant et aux Jurez.

9. Que aucun Barbier ne doit oster ou soustraire à un autre Barbier son aprentis ou varlet [1], sur ladicte amende de V sols, ainsy estant distribuez comme dit est.

10. Que s'aucun Barbier est adjourné à cause dudit mestier pardevant ledit Maistre ou son Lieutenant, qu'il soit tenus de y comparoir, sur l'amende de VI deniers, au prouffit dudit Maistre ou de son Lieutenant.

STATUTS DE 1465 [6].

Loys, par la grace de Dieu, roy de France; sçavoir faisons à tous presens et advenir, nous avoir receu l'umble supplicacion de nostre bien amé varlet de chambre et premier barbier Olivier le Mauvais [7], contenant que comme pour le bien publicque de nostre royaulme, et pour obvier aux perils et inconveniens qui, par l'imperice et ignorance de plusieurs usans de l'artifice et mestier de barbier, voulans estre maistres et tenir annonce d'icelluy mestier, sans estre experimentez, examinez et approuvez par nostredict premier barbier, ses lieuxtenans ou commis, jurez, maistres, en ce expers et cognoissans, ainsi qu'il appartient, sont le temps passé advenus et pourroient vraysemblablement advenir, par ce mesmement que iceulx non approuvez ne passez maistres ne savoient convenablement rere [8], saigner, faire lancettes, fers ou poinctes necessaires, bonnes et seures, ne congnoistre les veynes lesquelles il fault saigner pour la santé du corps humain, ne faire autres operacions et œuvres requises et appartenantes audict mestier, noz predecesseurs Roys de France ayent faict plusieurs ordonnances sur le faict dudict mestier et artifice de barbier, et octroyé plusieurs beaulx previlleges et auctoritez à leur premier et autres barbiers de notre Royaulme; et il soit ainsi que pour ce que, obstant les divisions et guerres de nostre Royaulme et les dangers et perils des chemins, nostredict premier barbier n'a peu ne pourroit traire ne avoir de Paris [2] ne d'ailleurs lesdicts previlleges de nosdicts predecesseurs, combien qu'il en ait faict bonne diligence, mais ait tant faict qu'il ait recouvré des transcripts ou *vidimus* d'iceulx previlleges, de et sur lesquels icelluy nostre premier barbier ait faict extraire et transcrire en ung roole certains chappitres et articles, lesquels dès long-temps il a apportez pardevers nous en nostre grand conseil, en nous suppliant deslors et depuis, moult instamment et humblement, que nous les luy voulsissions octroyer : nous voulans meurement en ce procéder, avons par plusieurs et diverses fois faict veoir et visiter lesdicts chappitres et articles par plusieurs de nostre grand conseil, et mesmement n'agueres par auscuns de noz principaulx conseillers tant de nostredict grand conseil comme de nostre court de parlement, present à ce nostre procureur general, lesquels noz conseillers, veuz et regardez bien et diligemment par eulx lesdicts articles avecques lesdicts *vidimus* desdicts previlleges, ont par grande et meure deliberacion modiffiez et laissez comme raisonnables et par nous octroyables, ainsi qu'ils nous ont relaté, les chappitres et articles qui s'ensuivent :

Et premierement, que nostredict premier barbier et varlet de chambre qui est à present et sera pour le temps advenir, est et sera maistre et garde dudict mestier, et peut instituer et ordonner lieutenant pour luy en chacunes des bonnes villes de nostre

[1] Sièges. [2] Lépreux. [3] Voy. ci-dessus. p. 4, note 8. [4] L'Épiphanie. [5] Les bassins qui leur servaient d'enseigne. [6] 1466 nouv. style. [7] Son vrai nom était Becker. [8] Raser.

[1] Son apprenti ou son garçon. [2] Ces statuts sont datés d'Orléans.

royaulme, qui aura regard et visitacion sur tous les autres barbiers desdictes bonnes villes et des banlieues et villaiges appartenans et respondans à icelles, auquel lieutenans ou commis les aultres barbiers seront tenus de obeyr comme à nostre dict premier barbier, en tout ce que audict mestier appartient et pourra appartenir.

II. Que pour le gouvernement dudict mestier seront esleuz par nosdicts premiers barbiers ou leurs lieuxtenans, en la communauté dudict mestier, par toutes les bonnes villes de nostredict royaulme, trois ou quatre personnes du moins, selon que le nombre d'iceulx pourra le supporter, lesquels ainsi esleuz feront bon et loyal serment, en la main de nostre dict premier barbier ou son lieutenant d'icelluy lieu, de bien et loyaulment gouverner ledict mestier, et garder et faire garder les statuz et ordonnances, et de faire bons et loyaulx rapports en tout ce que audict mestier appartient, sans faveur ou acception de personne.

III. Que aucun barbier, de quelque estat ou condicion qu'il soit, ne soit si hardy de faire office de barbier, se il n'est premierement examiné et approuvé par les maistres jurez dudict mestier, en la maniere qu'il est accoustumé de tout temps.

IV. Que aucun barbier ou femme vefve[1] de barbier, de quelque auctorité ou condicion qu'ilz soyent, ne facent office dudict mestier, se ilz ne sont reputez et tenuz de bonne vie et honneste, et sans ce qu'ilz soyent notoirement diffamez de tenir et avoir hostel diffamé, comme bourdellerie et marquerellerie, souffrir estre faict en leur hostel ou autre villain blasme, auquel cas ilz soyent à tousjours mais privez dudict mestier, sans le ravoir; et en oultre, que tous leurs outils, comme rasouers, chaises, bassins, cyseaulx, et tout ce qui appartient audict mestier, soyent confisquez, moictié à nous et l'autre moictié à nostre dict premier barbier.

V. Que quelque personne dudict mestier ne face office de barbier à mesel ou meselle, sur peine de confiscation et privacion, à appliquer comme dessus est dict.

VI. Que tous ceulx qui vouldront lever ouvrouer[2] et estre maistres aux chasteaulx, ponts, ports, bourgs et villaiges, seront tenus d'aller à l'examen aux jurez des plus prouchaines villes des lieux là où ilz vouldront lever leur ouvrouer....

VII. Que lesdicts maistres barbiers puissent establir et avoir une confrairie en l'honneur de Dieu et des benoistz saints Cosme et Damyen en lieu convenable, es bonnes villes de nostre royaulme où bon leur semblera, et que pour faire le divin office, ilz puissent s'assembler pour ledict fait, à quant besoing en sera... Et payeront lesdicts barbiers chascun, quand ilz seront passez maistres, cent solz

[1] Veuve. [2] Ouvrir boutique.

tournois pour accroistre et multiplier ladicte confrairie, affin que à l'aide de Dieu et d'iceulx glorieulx saint Cosme et saint Damyen puissent plus seurement ouvrer es corps humains....

IX. Que aucun varlet barbier ne puisse ouvrer dudict mestier en aucune des dictes villes, chasteaux, ponts, ports, bourgs et villaiges, se il n'est maistre par la maniere que dict est, ou se il n'a adveu de maistre barbier, sur peine de cent solz d'amande pour chascune fois qu'il y sera trouvé, et confiscation des ostilz dont il sera trouvé garny, à appliquer comme dessus, et que icelluy qui le trouvera le puisse faire prendre et emprisonner en noz prisons, pour la confiscacion des dicts amandes et ostilz...

XI. Que auscun maistre tenant ouvrouer es villes et lieux dessus dicts ne puisse tenir sang de saignée en son ouvrouer oultre midy ne hors le seuil de son huys, à peine de cinq solz d'amande pour chascune fois qu'il y sera trouvé, à distribuer comme dessus; en oultre s'auscuns par necessité se faisoient saigner après midy, du pié en l'eaue ou autrement, lesdicts barbiers seront tenuz gecter le sang dedans deux heures après qu'ilz auront esté saignez, sur ladicte peine...

XIII. Que tous ceulx qui viendront à l'examen, approuvez et passez maistres, seront tenuz de prendre et lever lectre scellée des sceaulx de nostre dict premier barbier, de laquelle lectre ainsi scellée ilz ne payeront que cinq solz seulement...

XV. Que lesdicts jurez dudict mestier devront voir et visiter les ouvrouers d'icelluy mestier, et savoir de la souffisance des barbiers estans esdicts ouvrouers, à ce que le peuple puisse estre mieux et plus seurement servy, et que les ordonnances dessusdictes soyent tenues sans enfraindre.

XVII. Quant ung maistre ou maistresse dudict mestier meurt, sera tenu chascun barbier passé maistre en la ville de estre et accompaigner le corps, sur peine de trois solz à appliquer comme dessus.

XVIII. Pour le bien de la chose publicque et pour pourvoir à la santé du corps humain, sera tenu nostre dict premier barbier de bailler à tous les barbiers de nostre dict royaulme tenans ouvrouer la coppie de l'armenat[1] faict de l'année, par ainsi que chacun d'eulx qui le voudra avoir luy sera tenu de payer par chascun an la somme de deux solz six deniers parisis.

XIX. Que tout maistre barbier tenant ouvrouer dudict mestier esdictes villes et lieux de nostre dict royaulme sera tenu de payer à nostre dict premier barbier, pour une fois seulement durant sa vie, cinq solz parisis, ainsi comme tousjours ont accoustumé de prendre et avoir ses predecesseurs premiers barbiers, à cause de sondict office de nostredict premier barbier.

[1] Almanach.

www.ingramcontent.com/pod-product-compliance
Lightning Source LLC
LaVergne TN
LVHW052041160826
845678LV00003B/1468

9782329632346